Cultivo de
oliv

Agradecemos la cesión de las fotografías de las páginas 12 abajo, 13 arriba, 25, 26-27 y 28 al señor Antonio Zafra Romero; las de las páginas 29, 32, 33 y 95 al señor Joan Tous de IRTA. Mas de Bover. Subgrup d'Olivicultura, Elaiotècnia i Fruits Secs. Constantí (Tarragona); y la de la página 76 a la señora Brígida Jiménez, directora del centro IFAPA, de Cabra (Córdoba).
También queremos dar las gracias al señor Francisco Sensat, vicepresidente ejecutivo de la Fundación Dieta Mediterránea, por sus gestiones para la obtención de las fotografías de las variedades de la península Ibérica.

La edición original de esta obra ha sido publicada en francés por Éditions Artémis, Francia,
con el título

LA CULTURE DES OLIVIERS

Traducción
Julia Alquézar

Revisión técnica y adaptación a la península Ibérica
Teresa Garcerán

ISBN 978-84-282-1510-7
Depósito legal B. 27.750-2009
Printed in Spain
EGEDSA - Sabadell

Jean-Marie Polese

Ediciones Omega

Índice

Introducción

El consumidor muestra un interés creciente por los productos naturales, particularmente por los productos llamados de la región. Esto es cierto para los vinos y, desde luego, para el aceite de oliva, que forma parte de aquellos productos con fuerte identidad.

La oleocultura tiene de particular que ofrece una gama de aceites muy variada, diferentes de un lugar a otro. Teniendo en cuenta la calidad, nuestros productores han sabido ganarse la confianza de los consumidores, al proponerles olivas y aceites que son el prestigio de las producciones de nuestras comarcas.

Además del apartado de la producción de olivas y aceite, el prestigioso olivo disfruta igualmente de un gran éxito como árbol ornamental. El olivo es un árbol omnipresente, y se lo encuentra tanto en vastos campos cultivados, como en el terraplén de una glorieta o en tiestos en la ciudad.

Este libro, aunque se refiera a las prácticas adoptadas por los productores de aceite profesionales, está particularmente destinado a los aficionados que quieren adornar su jardín con uno o varios olivos, ya sea con un objetivo puramente ornamental, ya sea para la producción de aceitunas en el marco familiar, o los dos a la vez.

GENERALIDADES

Breve historia del olivo

La historia del olivo es indisociable de la del hombre de los países mediterráneos. La silueta del árbol y su particular follaje son parte integrante de su paisaje. Árbol legendario, tratado con respeto y consideración, desde siempre ha estado en el centro de las preocupaciones de la civilización agraria de estas regiones, proporcionando alimento, luz, cosméticos y medicamentos.

De Creta al Mediterráneo occidental

En su forma silvestre, el olivo existe en el Mediterráneo occidental desde hace más de 14.000 años, como lo atestiguan los pólenes y las hojas fósiles encontrados. Hasta hace poco, se admitía que la cuna del olivo era el Asia Menor o Creta. Las últimas investiga-

ciones nos informan algo más sobre el origen de nuestros olivos cultivados. En la época de la última glaciación, entre el 75 000 y el 10 000 a.C., se habrían formado tres cepas: una en África del Sur, otra en Asia y una tercera en la cuenca mediterránea. Las formas cultivadas del olivo proceden de una mezcla de estas tres variedades originales.

Existen dos teorías en relación con los primeros cultivadores del olivo: algunos mencionan Fenicia, otros Creta, donde se han descubierto ánforas datadas en 3500 a.C. El aceite de oliva era allí objeto de un comercio importante, ya que se han encontrado tablillas de cuentas y ánforas para aceite que medían cerca de 2 m de alto. En la Grecia antigua, los olivos eran casi venerados, y las leyes los protegían: la madera de olivo no se podía vender y la tala de árboles estaba limitada.

El cultivo del olivo habría empezado en Fenicia o en Creta, donde se han descubierto ánforas de más de 5.000 años.

El olivo es omnipresente en su hogar, en Grecia, como este árbol que crece en la Acrópolis de Atenas.

A continuación de Grecia, el cultivo del olivo se difundió en todo el contorno mediterráneo: en Egipto, en Italia, en España, en Túnez, en Marruecos y en Francia, donde se cree que fueron los fenicios y los foceos los que establecieron su cultivo hacia 500 a.C.

Las plantaciones de olivos conocieron un gran impulso hasta el siglo XIX, a causa de la utilización creciente de útiles mecánicos que necesitaban el aceite para ser engrasados, y de manera notable después de la llegada de la máquina de vapor.

Para numerosas comunidades, el aceite de oliva era un producto económicamente muy importante, con mucho valor añadido.

De todos modos, bajo el impulso de las ayudas gubernamentales además de las europeas, la oleocultura volvió a ganar terreno lentamente. Tomando conciencia de su papel benéfico para la salud, demostrado por estudios científicos tanto europeos como americanos, el público respondió doblando el consumo de aceite de oliva entre 1980 y 1990.

Página anterior: *Fruto de la variedad andaluza Picudo.*
En esta página: *Árbol de la variedad andaluza Picudo.*

Un árbol cargado de símbolos

1 SÍMBOLO DE LONGEVIDAD

En toda la cuenca mediterránea, bordeando los viñedos y las ruinas de edificios antiguos, es frecuente encontrar árboles centenarios. Testigos de la historia y de la evolución de las sociedades humanas, los árboles milenarios no son raros. Algunos olivos figuran entre los seres vivos más viejos de nuestro planeta. Así, en Agrigento, Sicilia, un olivo de unos 5.000 años parece velar desde siempre a un templo griego.

El árbol es considerado como inmortal, a causa de su capacidad para producir renuevos a partir de su cepa y de recomenzar desde la base en caso de destrucción del tronco por el fuego, por ejemplo, o por el hielo.

2 SÍMBOLO DE LA PAZ

El olivo es el símbolo de la paz y de la sabiduría. Una rama de olivo es lo que una paloma blanca llevó a Noé como prueba de la retirada de las aguas del diluvio y para hacerle ver el apaciguamiento de la cólera divina. Noé pudo entonces dejar salir a los animales del arca para repoblar el mundo. Del mismo modo, una rama de olivo adorna la bandera de las Naciones Unidas.

Vareo de las olivas en Grecia. P - Andlauer/Fonds Andlauer - Institut du Monde de l'Olivier - AFIDOL.

UN NACIMIENTO LEGENDARIO

Según una leyenda griega, la diosa de la sabiduría, Palas Atenea, y Poseidón, el dios del mar, se disputaban la protección de la región del Ática. Para resolver la cuestión, Zeus propuso que se le daría la razón a aquel de los dos que hiciera el regalo más útil a los hombres. Poseidón, golpeando las aguas, hizo brotar de las olas un fogoso caballo. En cuanto a Atenea, tocando el árido suelo con su lanza, hizo aparecer un olivo. Zeus decidió que ese último sería más útil a los hombres que el caballo. De esta manera la diosa se convirtió en la protectora del Ática y dio su nombre a la ciudad que tan célebre llegaría a ser después, Atenas.

3 SÍMBOLO DE VICTORIA Y DE GLORIA

Desde los Juegos Olímpicos de Atenas, en la Antigüedad, el olivo es el símbolo de la victoria. Una rama de olivo coronaba la cabeza del vencedor de las pruebas y también se le ofrecía una jarra de aceite.

4 SÍMBOLO DE FIDELIDAD

La cama de Ulises estaba hecha de madera de olivo. Su esposa, Penélope, esperó veinte años el regreso de su esposo, sin que ninguno de los pretendientes al trono obtuviera sus favores.

El olivo es un árbol milenario, símbolo de numerosos valores, como la fidelidad, la longevidad y la paz.

Un poco de botánica

El olivo *(Olea europaea)* pertenece a la familia de las Oleáceas, como el fresno, la alheña o aligustre, la forsitia o la lila. Hay dos tipos de olivo: el silvestre, o acebuche, y el olivo cultivado.

El olivo cultivado

El olivo cultivado es un árbol que puede vivir miles de años y medir 12 m de alto. Posee un tronco corto, a menudo múltiple desde la base, porque vuelve a echar con facilidad renuevos. Muy tortuoso, se divide en gruesas ramas muy bifurcadas.

Las hojas, opuestas, son estrechas, alargadas, dobladas por los bordes, coriáceas, de color verdegrís brillante por encima, plateado por debajo. Perennes, permanecen en su lugar tres años y se renuevan por tercios todos los años.

La floración tiene lugar en mayo o en junio. Las flores son pequeñas, blancas, dispuestas en pequeños racimos en las axilas de las hojas. El viento se encarga de la polinización. Sólo el 5% de las flores dará fruto.

De un verde claro al principio, la aceituna pasa a un verde más oscuro durante el verano. Hacia el mes de octubre, el color vira hacia el violáceo y el fruto llega a ser negro en su madurez completa, al mismo tiempo que se carga de aceite.

El olivo es un árbol muy resistente, que continúa creciendo y produciendo olivas incluso con un tronco hueco y completamente deformado por la edad. La producción de frutos (en promedio entre 15 y 50 kg) se hace normalmente en un ciclo de dos años, cuando se ha descuidado el árbol.

En esta página: *De un verde claro, la aceituna poco a poco vira hacia el violáceo y el fruto llega a ser negro cuando alcanza la plena madurez.*

Página siguiente: *La floración del olivo tiene lugar de mayo a junio y produce pequeñas flores blancas en racimos.*

El acebuche

El acebuche, u olivo silvestre, es considerado a veces como una variedad del olivo cultivado. Se le designa bajo los nombres de *Olea sylvestris, Olea oleaster,* o también, *Olea europaea* var. *sylvestris.* Es un arbusto de ramas enmarañadas de 6 m de altura máxima, a menudo mucho más pequeño. Tiene la particularidad de poseer ramas espinosas, casi cuadrangulares. Los frutos son muy pequeños, amargos y dan poco aceite.

Crece en el monte bajo de la zona litoral, sobre suelos esquistosos, donde forma densas espesuras, en compañía de otros arbustos, especialmente el lentisco. Su área de extensión se encuentra repartida por toda la península Ibérica.

Las variedades actuales de olivos proceden seguramente de este olivo silvestre, a fuerza de poda, de cuidados y de selección.

El acebuche, Olea sylvetris.

El olivo en cifras

El olivo en cifras

Se cree que habrá unos 830 millones de olivos en el mundo, de los que el 90 % están en la cuenca mediterránea. España cuenta con más de 282 millones de olivos repartidos por todo el territorio.

La aceituna de mesa y el aceite de oliva

La producción mundial de aceitunas de mesa es de 1.636.000 toneladas, de las que una cuarta parte (409.000 toneladas) se producen en España. De todos modos, la aceituna de mesa no representa más que una parte de la producción de aceitunas. En efecto, la producción mundial de aceite de oliva es de 2.602.000 toneladas, de las que el 70% son producidas por la Unión Europea. España, con 1 millón de toneladas, es el primer productor, seguido de Italia y Grecia, con alrededor de 400.000 toneladas cada una. Francia ha conseguido entre 3.000 y 4.000 toneladas estos últimos años.

En pleno auge, el oleocultivo trae como consecuencia el desarrollo de gigantescos invernaderos con jóvenes olivos, especialmente en Toscana.

ESPAÑA: COMUNIDADES AUTÓNOMAS PRODUCTORAS DE OLIVOS		
ORIGEN	HECTÁREAS	TANTO POR CIENTO (%)
Andalucía	1.515.320	60,56
Aragón	257.346	2,32
Castilla la Mancha	389.565	15,73
Cataluña	116.112	4,69
Comunidad Valenciana	96.355	3,81
Extremadura	242.536	9,79
Resto	76.715	3,10

Cada español consume 12 litros de aceite de oliva por año, contra los 20 litros de un griego, los 9 de un italiano y los 0,5 de un francés.

La estructura de las explotaciones

La superficie del territorio español dedicada al cultivo del olivo es de 2.693.949 ha, correspondiendo el 96% de ella a olivos para la producción de aceite, mientras que el 4% restante se dedica al cultivo de aceituna para consumo de mesa.

La España olivarera se ha dividido en diez grandes zonas de producción caracterizadas tanto por las variedades cultivadas como por la localización geográfica. La zona de mayor superficie dedicada al olivo es Andalucía que cuenta con 1.515.320 ha, lo que representa el 60,56% del total de extensión cultivada de olivos. El número total de ejemplares en España es de 282.696.000 volviendo a ser Andalucía la Comunidad Autónoma situada en cabeza con 174.788.000 olivos dedicados a la producción, tanto de aceite como de aceitunas de mesa.

LAS DOP

Varios territorios han adquirido la denominación de origen protegida (DOP) para su aceite. Los criterios son estrictos, el territorio muy delimitado, los campos catalogados con toda precisión y todas la tareas, desde la producción a la fabricación del aceite, deben respetar ciertas reglas.
La DOP ha sido atribuida a veintiocho zonas de producción de la España olivarera, destacando las reconocidas desde hace ya largo tiempo como Siurana, Les Garrigues, Priego de Córdoba, Baena o Gata-Hurdes.

Comprar un olivo

El olivo se ha convertido en un árbol de moda. Los viveros oleícolas proponen en la actualidad plantas de olivo de diferentes edades y variedades, algunas pueden ser plantadas en regiones más frías que la zona de distribución óptima, pero hay que tomar no obstante algunas precauciones en invierno.

Atención al suelo y al clima

Todo depende del uso al que destine su olivo: la producción de fruto o al ornamento. En función de esto, usted deberá elegir entre las 500 variedades de olivos que pueden enumerarse. Difieren en un cierto número de características, como la forma de las hojas, la forma y el grosor del fruto, del hueso, y desde luego también por su aroma y su proporción de aceite.

Si cada variedad está adaptada a unas condiciones climáticas muy precisas, el olivo en compensación es bastante indiferente al pH del suelo. Sin embargo, en las zonas donde los suelos son fuertemente ácidos o al contrario muy calcáreos, es juicioso preguntar a los cultivadores locales cuáles son las variedades que cultivan: esas serán las que presentarán las mejores aptitudes para las condiciones locales.

Por fin, hay que saber que ciertas variedades son autoestériles. En ese caso deberá plantar árboles polinizadores en sus proximidades si desea obtener aceitunas. A este efecto, las variedades que mejores resultados presentan son Hojiblanca y Arbequina.

En esta página: *Una joven planta de olivo, cuyo pie está bien protegido del frío y del ataque de los animales dañinos.*

Página siguiente: *Es indispensable tutorar las plantas.*

¿Qué tipo de planta?

Las plantas jóvenes de olivo se entregan siempre en maceta. Elija árboles de entre 60 y 80 cm de altura, talla que asegurará las mejores condiciones de recuperación y desarrollo. Los árboles se han propuesto según dos categorías: el olivo de campo y el olivo trasplantado o repicado.

El olivo de campo es un árbol que ha sido cultivado en su medio y ha sido trasplantado o repicado hace menos de dos meses. Sus ramas han sido cortadas y por tanto el olivo ya no tiene hojas.

El olivo trasplantado o repicado es un árbol que ha sido trasplantado a un contenedor y que ha tenido tiempo de reconstituir su follaje. La presentación en contenedor asegura una mejor recuperación en la plantación. En general, los árboles de menos de 30 años de edad se presentan únicamente en contenedor.

Puede usted también plantar su olivo en un tiesto, en una terraza, o cultivarlo como un bonsái. En este ámbito de los olivos jóvenes con algunos años a precios accesibles, encontramos algunos que han sido «puestos en marcha» en bonsáis en macetas de loza, barro cocido o de plástico.

Arriba: *Árbol, flor y fruto de la variedad Hojiblanca.*

Abajo: *Árbol, flor y fruto de la variedad Picual.*

¿Qué variedad?

Doce sobre todo son las variedades cultivadas en España de las cien que podemos encontrar repartidas por toda nuestra geografía. Dos tercios están destinados a dar aceitunas de mesa, el resto se dedica a la producción de aceite. Sin embargo, desde hace unos años, algunas variedades se utilizan indistintamente para un objetivo u otro. Así ocurre con la Hojiblanca que se cultiva tanto para obtener aceite como para consumo de mesa.

Árbol, flor y frutos de distintas variedades de aceitunas:

Ar. izq.: *Chorruo.*

Ar. der.: *Casta cabra.*

Ab. izq.: *Datilero.*

Ab. der.: *Habichuelero (árbol y frutos).*

❶ LA ACEITUNA DE MESA

La Manzanilla es la variedad más difundida internacionalmente como aceituna de mesa y se cultiva sobre todo en la zona de Sevilla.

La variedad Gordal sevillana es conocida con la denominación Sevillana, siendo muy apreciada por el gran tamaño de sus frutos.

La Hojiblanca es una variedad de maduración tardía muy apreciada para elaborar como aceituna negra aderezada. Presenta una buena tolerancia a los suelos calizos.

La variedad Verdial de Badajoz o Morisca es muy resistente a la sequía y su cultivo se extiende por la Baja Extremadura (Badajoz) adentrándose en las zonas portuguesas del Algarve y el Alentejo. Tiene una doble utilización: tanto para producir aceite como para aceituna de mesa.

La Cacereña o también conocida como Manzanilla cacereña, se cultiva en Cáceres y Salamanca, siendo muy parecida a la variedad Manzanilla. Se utiliza para elaborar aderezos, tanto recogida en verde como madura para aceituna negra.

Fruto y flor de la variedad Lechín de Sevilla.

2 La aceituna para aceite

La Arbequina se cultiva sobre todo en las zonas de DO Les Garrigues (Lleida) y Siurana (Tarragona).

La Cornicabra se extiende por todo el centro de la Península, siendo las zonas de mayor producción Toledo, Ciudad Real y Madrid.

La variedad Picual presenta una difusión geográfica que abarca toda Andalucía.

La Empeltre se cultiva en la zona del Bajo Aragón, Logroño, Valle del Ebro e Islas Baleares.

3 El precio del olivo

España aprovecha el entusiasmo por el olivo para exportar sus árboles centenarios y reemplazarlos por variedades más productivas. He aquí unos ejemplos de precios anotados en nuestro país (transporte no incluido):

Ejemplo de precios en España	
Edad	**Olivo de campo**
80 años	150 euros
250 años	420 euros
400 años	780 euros
800 años	2.100 euros
2.000 años	6.000 euros
Más de 2.000 años	9.000 euros

Plantación intensiva de la variedad Arbequina, clon IRTA-i·18, de 3 años de edad.

VARIEDADES	CARACTERÍSTICAS DEL ÁRBOL	CARACTERÍSTICAS DEL FRUTO	REGIÓN
Arbequina	Árbol de talla mediana, porte arbustivo y no demasiado vigoroso.	Fruto pequeño, ovalado y casi simétrico.	Catalunya.
Blanqueta	Árbol poco vigoroso con ramas cortas.	Fruto algo ovalado y ligeramente asimétrico de color claro.	Levante peninsular, sobre todo sur de Valencia y Alicante.
Cacereña	Árbol de escaso vigor, de floración y maduración temprana.	Fruto esférico algo asimétrico.	Cáceres y Salamanca.
Carrasqueña	Árbol poco vigoroso y de copa poco densa.	Fruto ovalado de tamaño medio.	Badajoz.
Cornicabra	Cultivar antiguo de mediano vigor y ramas de mediana longitud.	Fruto largo, algo curvo, asimétrico con el vientre en forma de cuerno.	Zona central peninsular, sobre todo en Toledo, Ciudad Real y Madrid.
Empeltre	Variedad antigua de gran porte, vigoroso y ramas erguidas.	Fruto alargado, asimétrico con un ligero abombamiento.	Bajo Aragón, Logroño, Valle del Ebro e Islas Baleares.
Gordal	Árbol medianamente vigoroso con ramas largas y gruesas.	Fruto de gran tamaño, acorazonado y algo asimétrico, color verde con pintas blanquecinas.	Sevilla y Baja Andalucía.
Hojiblanca	Árbol vigoroso con ramas largas y algo péndulas y copa de mediana densidad.	Fruto grande casi esférico y maduración tardía.	Córdoba, Málaga, Sevilla y Granada.

DESTINO	PARTICULARIDADES DEL PRODUCTO	RESISTENCIA A LAS ENFERMEDADES
Variedad utilizada principalmente para aceite.	Aceite afrutado, fresco con aroma de almendra, color amarillo verdoso.	Media
Variedad para aceite.	Aceite afrutado, de tonalidad verde, muy aromático con notas de tomate verde.	Media
Variedad mixta, sobre todo utilizada para mesa.	Fruto muy apreciado como aceituna negra aderezada.	Media
Variedad utilizada para mesa.	Fruto utilizado como aceituna negra aderezada y algo en verde.	Buena
Variedad cultivada para aceite.	Aceite de color amarillo oro con reflejos verdes, afrutado con sabor bien equilibrado entre dulce, amargo y picante.	Buena
Variedad cultivada sobre todo para aceite.	Aceite de color entre amarillo paja y oro viejo, de sabor dulce y aroma de manzana.	Buena
Cultivada para consumo de mesa.	Aceituna aderezada en verde cosumida mundialmente.	Media
Variedad mixta para aceituna de mesa y aceite.	Aceite de color verde intenso con aromas frutales. Aceitunas negras muy apreciadas por la firmeza de su pulpa.	Buena

VARIEDADES	CARACTERÍSTICAS DEL ÁRBOL	CARACTERÍSTICAS DEL FRUTO	REGIÓN
Lechín de Sevilla	Árbol rústico, muy vigoroso de porte abierto y copa muy densa. Tolera bien la sequía.	Fruto de forma elipsoidal, un poco abombado y ligeramente asimétrico.	Sevilla, Málaga, Huelva, Córdoba y Cádiz.
Manzanilla	Árbol poco vigoroso y copa con baja densidad de follaje.	Fruto ovalado, simétrico con el ápice redondeado.	Sevilla.
Picual	Árbol muy vigoroso, copa muy ramificada y densa. Altamente productivo.	Fruto de tamaño medio y forma elipsoidal acabado en pico.	Jaén, Córdoba y Granada.
Verdial de Badajoz	Árbol vigoroso, de porte superior y copa muy densa.	Fruto de gran tamaño y forma ovoidal, de color violeta rojizo al madurar.	Badajoz, llegando hasta Portugal.

Frutos de Arbequina en diferentes estados de maduración.

DESTINO	PARTICULARIDADES DEL PRODUCTO	RESISTENCIA A LAS ENFERMEDADES
Cultivado para aceite.	Variedad con un punto de sabor amargo y almendra verde, con aroma herbal y equilibrado.	Buena
Cultivado para aceituna aderezada.	Fruto de gran calidad por lo que es la variedad de mesa más difundida internacionalmente.	Media
Variedad para aceite.	Aceite con gran personalidad, sabor un poco amargo aunque fresco y ligeramente afrutado.	Buena
Variedad mixta para aceituna de mesa y aceite.	Aceite con aroma de almendra y aceituna verde. Aceitunas aderezadas en verde.	Poca

Árbol tradicional de Arbequina en floración.

CULTIVO, CUIDADOS Y RECOLECCIÓN

El cultivo del olivo

El cultivo del olivo

El olivo teme principalmente dos cosas: los inviernos muy fríos (es muy sensible a las heladas) y la abundancia de humedad en el suelo y en la atmósfera. En cambio, necesita mucha luz, calor y cierta sequedad en verano.

Suelo y clima

1 El olivo y el suelo

El olivo es muy tolerante en lo que se refiere a la naturaleza y la riqueza del suelo. Se contenta con un suelo pobre, pero, como es el caso de muchas plantas, crecerá mejor si el suelo es rico y profundo.

En cambio, es muy importante que se plante en un suelo bien drenado, ya que no le gusta el agua estancada. No lo plante en suelos arcillosos y demasiado pastosos, sino en suelos donde el agua se evacue bien, arenosos o incluso pedregosos. El olivo puede crecer y dar frutos incluso en áreas con una pluviometría de 220 mm por año.

2 El olivo y el frío

Aunque el frío invernal sea necesario para que el olivo pueda florecer y dar frutos normalmente, el hielo es uno de los principales riesgos de su cultivo.

Los árboles jóvenes, cuyo tronco no supera los 10 cm de diámetro, pueden soportar heladas de hasta 10 °C bajo cero. Este límite puede llegar hasta un máximo de 20 °C bajo

Un campo de olivos en el valle del Toulourenc, en el Var (Francia).

En Portugal, las condiciones climáticas son ideales para el cultivo de los olivos.

cero cuando se trata de árboles viejos. Lo que se daña primero son las partes más jóvenes del árbol, a partir de los 5 °C bajo cero. Por debajo de los 12 °C bajo cero, las ramas gruesas pueden verse afectadas. El frío seco es menos peligroso que una helada que se produzca durante un periodo húmedo. Las heladas tardías pueden perjudicar la floración, aunque eso no sea muy común. Así pues, hay que encararlo hacia el sur o bien plantarlo en una ubicación que quede resguardada del frío.

Calendario de trabajos		
Mes	**Estado de la vegetación**	**Trabajos**
Enero	Reposo vegetativo.	Recolección de las aceitunas tardías de aceite.
Febrero	Reposo vegetativo.	Trabajo superficial del suelo; principio de la poda.
Marzo / Abril	Principio del brote (débil).	Lucha fitosanitaria; fertilización eventual con nitrógeno amoniacal; poda.
Mayo / Junio	Brote, floración.	Lucha fitosanitaria; fertilización eventual con urea.
Julio	Crecimiento de los frutos.	Riego; lucha fitosanitaria (mosca).
Agosto	Crecimiento de los frutos; principio de la acumulación de aceite.	Riego.
Septiembre	Desaceleración del brote; crecimiento de los frutos.	Recolección de las aceitunas verdes precoces.
Octubre	Brote muy débil; fin del crecimiento de los frutos.	Recolección de las aceitunas verdes.
Noviembre	Fin del brote; aceitunas de color cambiante.	Principio de la recolección de las variedades de color cambiante y de las variedades de aceite.
Diciembre	Reposo vegetativo; seguimiento de la maduración de los frutos.	Recolección de las aceitunas negras y de las aceitunas de aceite; fertilización con estiércol.

En general debe evitarse plantarlo en valles profundos y en zonas situadas por encima de los 400 m. En el caso de que viva en una región demasiado fría para considerar el cultivo en el suelo, queda la opción del cultivo en tiesto, que se puede proteger o incluso entrar durante el invierno.

En caso de helada, se tiene que podar severamente el árbol, cortando las partes afectadas, y en el caso de que sea necesario, hacer un recepado para conseguir una regeneración.

La plantación

La plantación no da problemas, ya que el olivo se recupera fácilmente, incluso cuando su crecimiento es lento.

1 ¿CUÁNDO PLANTAR?

Al contrario de los demás árboles, que en general se tienen que plantar en otoño, la mejor época del año para plantar el olivo es a partir del momento en que ya no hay riesgo de heladas. Y es que los olivos jóvenes que se acaban de plantar no se deben exponer a temperaturas inferiores a los 5 °C bajo cero durante los primeros tres meses. En las zonas templadas y resguardadas del intenso frío del invierno se pueden plantar también en otoño.

2 LA TÉCNICA

Para ofrecer a las raíces un suelo blando, que garantizará un buen enraizamiento, es importante esponjar y mullir la tierra. Aproximadamente un mes antes de plantar el olivo, cave el agujero, que deberá ser de tamaño proporcional al tamaño del árbol.

En efecto, las raíces no deben quedar apretadas: 80 cm de ancho y 50 cm de profundidad son dimensiones razonables para los plantones jóvenes. Para los árboles más viejos, es aconsejable cavar 1 m de ancho, lo cual supone un trabajo considerable.

Se aconseja abonar el fondo del agujero con 200 g de fosfato amónico. Para evitar que el abono entre en contacto con las raíces, se pueden recubrir con algunos centímetros de tierra. Es desaconsejable echar abono potásico en el momento de plantar.

TÉCNICA PARA UNA BUENA PLANTACIÓN

1 Cave un agujero, que deberá ser de tamaño proporcional al tamaño del árbol. Guarde la tierra de superficie (tierra vegetal) y mézclela con el compost.

4 Coloque un rodrigón y átelo a la planta. Luego riegue abundantemente.

(2) Aporte fosfato amónico, cubra con un poco de tierra vegetal-compost y luego coloque el olivo en el centro del agujero.

(3) Añada tierra y estiércol para llenar el agujero y haga un alcorque alrededor del tronco.

(5) Elimine las ramas en una altura de unos 70 cm para formar el tronco principal.

Ponga el olivo en el centro del agujero, procurando que el cepellón se mantenga compacto. Evite las sacudidas. Si las raíces han empezado a enrollarse alrededor del cepellón (lo cual significa que el arbusto ha estado demasiado tiempo en el tiesto), desenróllelas y extiéndalas en el agujero. El plantón debe enterrarse a 5 cm más de profundidad que lo que estaba en el tiesto. Los árboles de gran tamaño se deberán plantar con la ayuda de maquinaria mecanizada.

En el momento de plantar el olivo, se puede aportar abono de fondo adaptado a la naturaleza de su terreno. El estiércol (bien descompuesto) y el compost (alrededor de unos 10 kg por árbol) siempre serán bien recibidos. No se olvide de mezclarlos bien con la tierra para volver a tapar.

Finalmente, haga un alcorque de unos 50 cm de diámetro alrededor del tronco, apisonando levemente, y luego vierta al menos 50 litros de agua, lo cual ayudará a acabar de apisonar la tierra y a expulsar las burbujas de aire del suelo.

A continuación, coloque un tutor, que sobresalga del suelo al menos 1,50 m. Procure mantener una distancia mínima con el árbol, para no dañar las raíces. El arbusto se tiene que atar al rodrigón para protegerlo de los

En esta página: *Una vez plantado, el olivo tarda entre seis meses y un año para reconstituir su follaje.*

Página siguiente: *Según la variedad, una vez plantado el olivo, la fructificación puede ocurrir rápidamente o muy lentamente.*

vientos dominantes. El rodrigón se deberá dejar durante un mínimo de tres años.

En las zonas donde abundan los conejos, se recomienda proteger el arbusto de los estragos que puedan producir al roer la corteza de los troncos. Para ello basta con rodear el árbol con una alambrada metálica o con un tubo de plástico.

En tierra arcillosa, o si su terreno es demasiado húmedo en invierno, puede plantar el olivo en un caballón que habrá hecho previamente. Extienda una capa de 10 cm de pequeñas piedras o de grava en el fondo del agujero, a fin de garantizar un correcto drenaje del suelo, y luego recubra esa capa con 10 cm de tierra, antes de poner el arbusto en el centro del agujero.

3 EL CUIDADO DURANTE EL PRIMER AÑO

Después de plantarlo, el olivo tardará entre seis meses y un año y medio para reconstituir su follaje.

Al plantarlo, si es necesario, elimine las ramas que se dirijan hacia abajo y deje la base del tronco despejada unos 70 cm. El árbol no se debe podar de verdad hasta que no alcance 1,50 m de altura. La poda, muy ligera, consistirá en eliminar las ramas bajas y en formar el tronco principal.

Durante el primer año, aporte 10 litros de agua por árbol dos veces a la semana. En periodo de sequía, riegue más a menudo.

Si no aporta abono o fosfato amónico regularmente durante los primeros años del cultivo de su olivo, se debilitará y será más sensible a las enfermedades y al frío.

Trátelo contra las enfermedades criptogámicas y bacterianas, así como contra los insectos, que atacan el sistema vegetativo.

Durante el año siguiente a la plantación, abone con 600 g de fosfato amónico en primavera y con 50 g de abono compuesto en otoño. Aumente en 200 g las dosis de fosfato amónico cada año durante cinco años.

4 PLANTAR EN TIESTO

El olivo puede vivir durante mucho tiempo en un tiesto, casi en todos sitios, y su cuidado está al alcance de todo el mundo.

Coja un tiesto de como mínimo 5 litros para un plantón joven. Colóquelo en un sitio con mucha luz (el olivo pierde las hojas si no tiene suficiente luz) y resguardado del frío intenso. No lo deje a una temperatura inferior a los 5 °C bajo cero sin protección. Para tal efecto, una tela de invernadero de polipropileno será muy útil para proteger tanto el árbol como la vasija. Este material es un excelente aislante térmico que, además, evita la condensación, que podría formar moho.

El olivo es un árbol frugal, que no necesita muchos elementos nutritivos para vivir. Puede preparar el sustrato mezclando a partes iguales arena gruesa y mantillo, y luego añadirle una pequeña cantidad de grava.

Una vez al año, aporte un abono mineral de acción lenta. Se debe regar sin exceso, manteniendo la tierra ligeramente húmeda entre los meses de marzo y septiembre. Fuera de este periodo, entre riego y riego, deje que la tierra se seque. He aquí, a título indicativo, la frecuencia de riego:

– entre marzo y la floración, regar una vez a la semana;

– durante todo el verano, regar una o más veces a la semana, en función de las temperaturas y las lluvias;

– en otoño y en invierno, no regar más de una vez cada quince días;

– entre marzo y septiembre, aportar abono líquido una vez a la semana.

El olivo en tiesto no necesita ser podado, ya que el tamaño del árbol ya está condicionado por el tamaño del tiesto dentro del cual se encuentra. Simplemente, procure recortarlo de vez en cuando.

Si su tamaño lo permite, trasplántelo en primavera, añadiendo compost bien descompuesto.

La poda

Durante los dos primeros años siguientes a la plantación, el olivo no se debe podar, o si acaso sólo un poco, en función de las variedades (ligera poda de formación). Una vez pasado este periodo de tiempo, deberá optar o bien por una poda anual o bien por una poda bienal.

Los partidarios de la poda anual afirman que un olivo suficiente alimentado puede producir frutos regularmente todos los años.

Un olivo italiano muy viejo.

La poda, pues, permite mantener un mejor estado sanitario y, por eso, requiere menos tiempo que la poda bienal. Los defensores de esta última piensan que, podando solamente cada dos años, la vegetación es más abundante (al menos uno de los dos años), lo cual favorece una producción también más abundante.

Los olivos se podan desde finales de febrero a mediados de mayo, después de las heladas y antes de que empiecen a aparecer las flores.

La poda se realiza con las tijeras de podar de cuchillas tradicionales, ya que las cuchillas de yunque tienden a hacer cortes menos netos en la madera del olivo. Utilice una sierra de mano para las ramas que tengan un diámetro superior a 2 cm.

Corte las ramas lo más cortas posible. Para cortar ramas de más de 5 cm de diámetro, aplique betún sobre la sección de corte.

Si las hojas o la madera podada están afectadas por enfermedades, conviene eliminar los residuos de la poda y no dejarlos tal cual en el suelo, ya que podría favorecer la propagación de la enfermedad. Lo mejor es quemarlos. En caso contrario, puede considerar la posibilidad de triturarlos.

Después de cada poda, se deben tratar los árboles con cobre (caldo bordelés), para protegerlos de la fumagina y del repilo del olivo.

¿POR QUÉ PODAR?

La poda tiene varios objetivos:

airear el follaje, lo cual comporta una mejor penetración de la luz, limita la extensión de los parásitos y facilita la aplicación de los tratamientos;

- formar una estructura equilibrada y robusta;
- facilitar la recolección.

Existen varios tipos de poda: la poda de formación, la de mantenimiento y de fructificación, que se realiza todos los años, y la de renovación o de rejuvenecimiento, que se realiza después de una helada o un incendio.

1 LA PODA DE FORMACIÓN

La primera poda de formación se debe realizar cuando el olivo haya alcanzado 1,50 m de altura aproximadamente, para darle una forma equilibrada que facilitará su explotación. El objetivo es formar un solo tronco, eliminando las ramas, para reforzar la guía central. Para conseguirlo, corte las ramas bajas de forma que quede un tronco de aproximadamente 1 m de altura. Escoja cuatro o cinco ramas estructurales dispuestas en distintos niveles, dando preferencia a las que tengan un ángulo mínimo de 30° con el tronco. Cada año, siga escogiendo las ramas estructurales, procurando que queden bien repartidas alrededor del árbol, y corte las ramas inútiles. El eje central no debe parecer demasiado alto, elimínelo si lo cree necesario.

Corte de forma que el follaje se extienda en una proporción regular en la copa del árbol, para que quede bien aireado y reciba la mayor luz posible. No obstante, preste especial atención, porque el olivo no saca hojas nuevas todos los años. Así pues, no se debe eliminar más de un 30 % del follaje.

2 La poda de mantenimiento

El objetivo de esta poda es favorecer la producción de frutos; así pues, difiere según las variedades.

Generalmente, se deberá procurar no dejar zonas de follaje demasiado espesas. También deberá cortar las ramas que se crucen, pero debe evitarse cortar sistemáticamente para despejar el centro del árbol, ya que a la corteza le podría dar demasiado el sol. En efecto, mientras que eso es beneficioso para las hojas, puede provocar quemaduras en la corteza de las ramas.

3 La poda de altura

La poda de altura, que se practica cada cinco o diez años, se debe realizar para limitar el crecimiento en altura del árbol. Generalmente, no se debe dejar que pase los 5 m de altura.

4 La poda de renovación

Es una poda severa que se debe practicar cuando el árbol está enfermo o muy viejo. Se realiza sobre las ramas estructurales o directamente sobre el tronco. Un árbol puede rejuvenecer de distintas formas:

– por rejuvenecimiento progresivo: se corta una rama estructural cada año o cada dos años;

– por coronado: se corta el tronco a la altura de las ramas estructurales más bajas; de esta forma la vegetación saldrá en la cumbre del tronco;

– por recepado: se corta el olivo a ras del suelo, luego se escoge uno de los retoños que habrán crecido a partir de las raíces y se eliminan los demás. El año siguiente, se corta la raíz que ha hecho el retoño, para que el nuevo individuo se vuelva autónomo. También

LA PODA DE MANTENIMIENTO

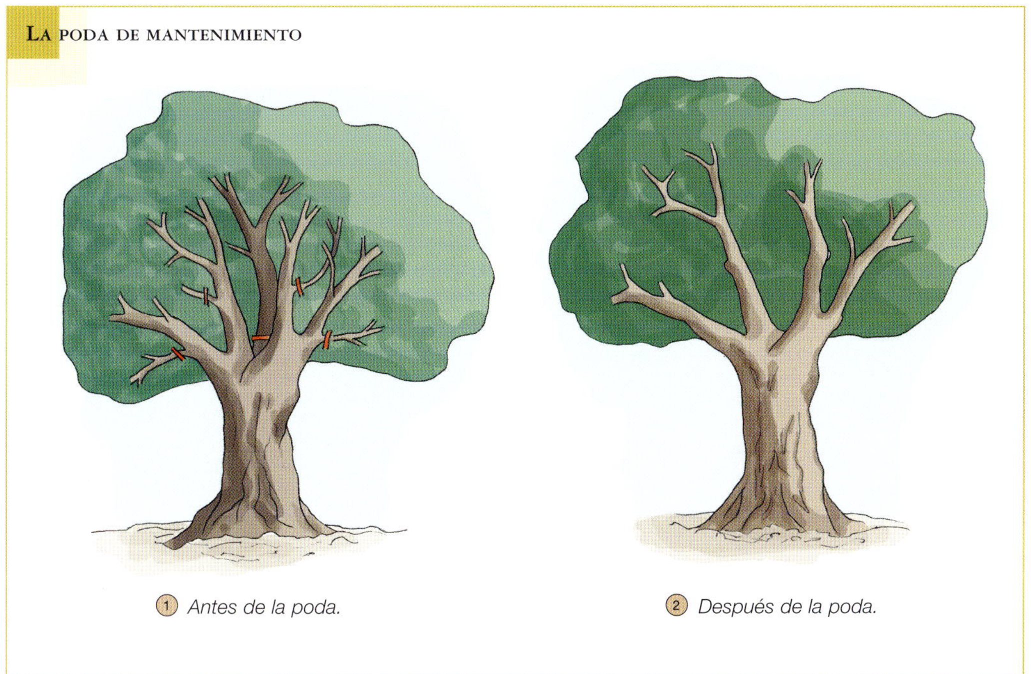

① *Antes de la poda.*

② *Después de la poda.*

LA PODA DE RENOVACIÓN

Método 1: por rejuvenecimiento progresivo

① *Antes de la poda.*

② *Después de la poda.*

③ *La siguiente primavera.*

Método 2: por coronado

① Corte el tronco a la altura de las ramas estructurales más bajas.

② La vegetación sale en la cumbre del tronco.

Método 3: por recepado

① Corte el olivo a ras del suelo.

② La vegetación sale por la base del tronco. Escoja los retoños que están más alejados el uno del otro y elimine los demás.

③ Se obtienen dos nuevos troncos, que desarrollan un sistema de raíces independiente de la cepa madre.

se pueden guardar dos o más retoños bien repartidos alrededor de la cepa, que sería el recepado en multitronco.

5 LA PODA ORNAMENTAL

No insistiremos mucho sobre esta poda, que se parece bastante a la poda de formación. Simplemente pretende dar una forma armoniosa al árbol.

El riego y la fertilización

1 EL RIEGO

Tradicionalmente, nunca se regaban los olivos en el sur, excepto en casos de extrema sequía. Sin embargo, se ha comprobado que los olivos producen más frutos si están bien alimentados de agua. Aun así, hay que evitar plantar los olivos en tierras demasiado húmedas. Es más, los terrenos deben estar bien drenados, ya que el exceso de agua puede ser fatal para el olivo, si está plantado en un suelo arcilloso o limoso. No hace falta decir que el aporte de agua se tendrá que adaptar en función de las condiciones climáticas.

Al regar, hay que procurar no mojar el follaje, ya que eso podría favorecer la aparición de enfermedades criptogámicas, y, si es posible, es mejor regar una sola vez, en gran cantidad, que no hacerlo en varias veces sucesivas.

A título informativo, a continuación se indican las cantidades de agua necesarias en verano:

– para un olivo de 1 a 3 años, 50 litros por árbol cada 10 días;

– para un olivo de 4 a 10 años, de 100 a 150 litros por árbol cada 15 días;

– para un árbol de más de 10 años, de 150 a 250 litros por árbol cada 15 días.

Esas cantidades deben ajustarse en función de las precipitaciones.

2 LA FERTILIZACIÓN

Para un olivo cultivado a título ornamental, la fertilización no es importante. En cambio, es imprescindible para los árboles a los cuales se les pide un esfuerzo de producción, privándolos así de una parte de su restitución, las aceitunas, que no volverán a la tierra.

Las necesidades del olivo calculadas para una hectárea son de 100 unidades de nitrógeno. Se considera que, en un suelo de fertilidad media, la mitad ya se encuentra en el suelo.

El aporte se puede hacer en forma de estiércol o de cualquier otra materia orgánica (tortas, harina de pluma o de pezuña, sangre desecada) a finales de otoño o a principios de invierno. De hecho, si se ha enriquecido bien el suelo con estiércol antes de plantar el olivo,

EL RIEGO EN LOS OLIVOS

Para los olivos se utilizan dos sistemas de riego: el riego por goteo y el riego por microaspersión. Es preferible este último, porque aporta el agua en cantidades más importantes que el riego por goteo, el cual, no obstante, tiene la ventaja de que limita las pérdidas de agua y su instalación es menos costosa.

un abono de mantenimiento al año de unos 20 kg de estiércol por árbol será suficiente.

También se puede optar por fertilizar el suelo con abono mineral. Si se aporta abono amoniacal, fosfato amónico por ejemplo, se debe hacer en primavera, cuando la vegetación se pone en marcha. Finalmente, si se aporta urea, se debe hacer a principios de verano.

Asimismo, el olivo necesita cantidades relativamente importantes de magnesio, boro y zinc.

La multiplicación

El olivo tiene la particularidad de multiplicarse fácilmente. De hecho, todas sus partes, exceptuando las hojas, pueden sacar raíces.

Los antiguos métodos de multiplicación consistían en la reproducción por estacas de ramas leñosas, repicado de renuevos, propagación por rebrotes de raíz, injerto en olivos salvajes o en la regeneración por rebrotes del tocón. Los métodos modernos son más delicados: siembra de huesos para el injerto o estaquillado semileñoso.

1 POR SEMILLAS

Se siembra el hueso de la aceituna. Es un método eficaz, pero muy largo. Los plantones de olivo obtenido por siembra presentan la ventaja de ser vigorosos, aunque se corre el riesgo de que el olivo no sea fiel al árbol que ha producido el fruto.

Para formar un semillero hay que escoger preferentemente huesos más bien grandes, provenientes de aceitunas negras muy maduras. A continuación los huesos se separan de la pulpa y se procede a la estratificación o se colocan machacados sin que la almendra quede dañada. En agosto se realiza una siembra muy espesa, a poca profundidad, en suelo blando, que debe mantenerse húmedo. El nacimiento es irregular. A partir del segundo año, se empiezan a trasplantar los plantones jóvenes. Cuando han alcanzado aproximadamente 1 cm de diámetro, se injertan por hendidura con la variedad escogida. Se pueden colocar hasta que alcancen los 50 cm de altura.

2 POR DIVISIÓN DE LA CEPA

Debe extraer un trozo de la cepa (raíz o tocón), de unos 500 g, de un olivo no injertado. Es una operación delicada, ya que no conviene debilitar demasiado el árbol donante. Entierre el fragmento obtenido 5 cm bajo tierra y riéguelo regularmente. Crecerá un brote y al cabo de un año alcanzará la altura de 80 cm.

3 POR HIJUELOS

El hijuelo es un brote que aparece en la base del tronco o sobre las raíces. Hay que extraer el brote con un gran trozo de la cepa o de la raíz en la base. La extracción se realizará en marzo o abril, y el brote se enterrará de 5 a 10 cm bajo tierra. El tallo del brote se corta de 1 m de altura. Riéguese regularmente.

4 POR ESTACAS SEMILEÑOSAS

Es el método más utilizado para la producción de plantas. Un individuo que sea interesante por sus cualidades se puede reproducir de manera idéntica e infinita. Puede probar

LA MULTIPLICACIÓN

Estaca semileñosa

① Escoja ramas del año, que tengan ocho o nueve nudos o pares de hojas. Conserve tan sólo los tres pares de hojas de arriba.

② Moje los dos tercios de la rama en los polvos de hormonas.

③ Plante la estaca en un tiesto con una capa de grava de 2 cm, una pequeña capa de arena gruesa o algún otro sustrato para acabar de llenar.

④ Cubra el tiesto con un plástico agujereado y colóquelo en un lugar resguardado de los rayos de sol, a una temperatura superior a los 15 °C.

Extracción de brotes

1. *Escoja un brote y quite la tierra de alrededor hasta llegar a la raíz.*

2. *Extraiga el brote con un gran pedazo de la raíz de base.*

3. *Entierre el brote a 5 o 10 cm bajo tierra, corte el tallo a 1 m de altura y riéguelo regularmente.*

esta manera de multiplicar el olivo, pero sólo tendrá, como mucho, un 10 % de posibilidades de éxito.

Se debe realizar entre los meses de julio y septiembre. Escoja ramas del año, que tengan ocho o nueve nudos o pares de hojas. Conserve tan sólo los tres pares de hojas de arriba y elimine los demás. A continuación, moje toda la parte inferior de la rama con los polvos de hormonas y luego dé unos golpes a la estaca para eliminar el exceso de polvos.

En una terrina o un tiesto con el fondo agujereado para eliminar el exceso de agua, extienda una capa de grava de 2 cm y una pequeña capa de arena gruesa; luego, acabe de llenar con el sustrato (arena o turba mezclada, perlita, vermiculita, etc.) y plante las estacas.

Cubra el tiesto con un plástico agujereado para mantener una humedad elevada y evitar la condensación. Coloque el tiesto en un lugar resguardado de los rayos de sol, a una temperatura superior a los 15 °C (la temperatura óptima es de 25 °C).

Las raíces aparecen al cabo de un mes. Espere unas semanas más y repique las estacas a un sustrato al que le habrá añadido mantillo, que garantizará la nutrición de la planta.

La multiplicación se puede realizar sembrando el hueso de la aceituna. Es un método eficaz, pero muy largo. Es importante no escoger aceitunas aún verdes, sino al contrario, aceitunas negras muy maduras.

El injerto

Es practicado sobre todo por los profesionales para instalar una variedad productiva en los olivos improductivos o para implantar variedades polinizadoras en una plantación. Además, el injerto permite cambiar de variedad sin tener que comprar nuevos plantones.

Se puede adoptar el injerto de corona o el injerto de empalme. En general, la época que se escoge para injertar es a principios del mes de mayo, cuando el olivo está lleno de savia y la corteza se suelta fácilmente.

1 EL INJERTO DE CHAPA

Es un método que se utiliza sobre todo para instalar una rama polinizadora. Se puede realizar en ramas de dimensiones muy diversas.

Se extrae un injerto de una rama sana de 2 o 3 años. Este injerto es una placa de corteza de 4 cm de altura, con dos yemas opuestas a las que le habrá quitado las hojas.

Escoja una rama de un diámetro mínimo de 3 cm en el árbol a injertar. En una parte sana y lisa haga una incisión en forma de I con las dos barras transversales, una arriba y otra abajo, bien marcadas. Aparte la corteza de uno y otro lado y coloque el injerto dentro de la ventana habilitada, respetando el sentido. Vuelva a cerrar y átelo bien fuerte apretando con rafia.

Haga una incisión anular alrededor de la rama, unos 15 cm más arriba, de forma que la parte que quede por encima se vaya secando. Tres semanas después de hacer el injerto, corte la atadura. Las yemas deberían empezar a salir en los días siguientes. La primavera siguiente, corte la parte de encima del injerto.

2 EL INJERTO DE PÚA

En general se utiliza cuando se quiere implantar un injerto en un árbol mucho más grande. Se realiza en abril o en mayo, durante la plena floración de la variedad.

Los injertos se deberán extraer de ramas de 1 año. Cada injerto no debe tener más de dos o tres yemas. Se corta en bisel, liso, habilitando un apoyo en el lado opuesto a la yema inferior.

Se hace un corte vertical en la corteza del patrón de una longitud proporcional a la del bisel del injerto. Se pueden hacer tres o cuatro cortes según el número de injertos a colocar. Se despega ligeramente la corteza y se introduce el injerto dentro del corte. A continuación hay que atarlo y untarlo con betún de injertar. Para proteger el injerto de los pájaros se puede colocar un pequeño arco, de mimbre por ejemplo, encima del injerto y atarlo al patrón debajo del injerto. Vigile el injerto y vuelva a untar con betún si fuera necesario. Durante el invierno siguiente mantenga sólo un injerto y elimine los demás.

El injerto lo practican sobre todo los profesionales para instalar una variedad productiva en los olivos improductivos.

LOS DIFERENTES INJERTOS

Injerto de chapa

① Extraiga un injerto de una rama sana. Para ello, corte una placa de corteza de 4 cm de altura con dos yemas opuestas a las que le habrá quitado las hojas.

② Haga una incisión en forma de I en el árbol que vaya a injertar de las dimensiones del injerto.

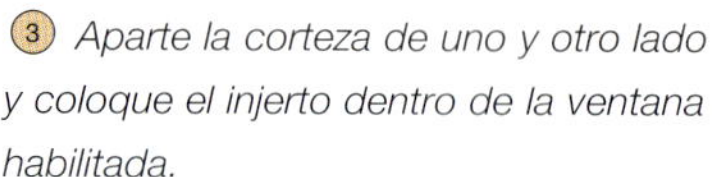

③ Aparte la corteza de uno y otro lado y coloque el injerto dentro de la ventana habilitada.

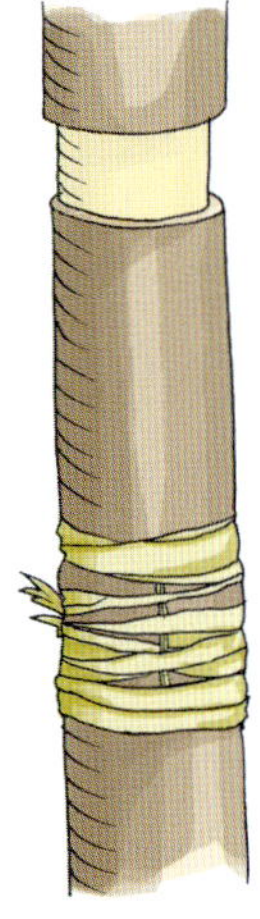

④ Vuelva a cerrar y ate la ventana bien fuerte. Haga una incisión anular alrededor de la rama, unos 15 cm por encima de la ventana.

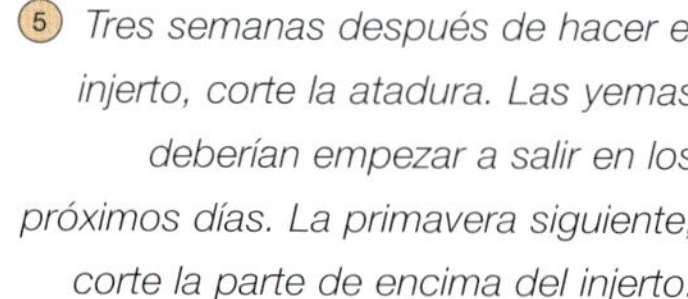

⑤ Tres semanas después de hacer el injerto, corte la atadura. Las yemas deberían empezar a salir en los próximos días. La primavera siguiente, corte la parte de encima del injerto.

Injerto de púa

① De una rama de 1 año, extraiga un injerto que no tenga más de dos o tres yemas. Corte en bisel liso, habilitando un apoyo.

② Corte en vertical la corteza del patrón de una longitud proporcional a la del bisel del injerto.

③ Introduzca el injerto dentro del corte y átelo bien.

④ Unte con betún de injertar.

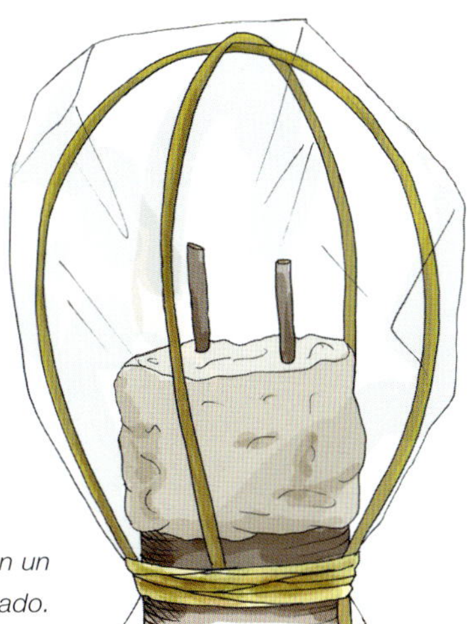

⑤ Protéjalo con un plástico agujereado.

Enfermedades y plagas

Los olivos no se libran de los estragos producidos por hongos, virus, insectos u otros animales.

Más que luchar una vez infestado, es mejor actuar a modo preventivo. Un árbol bien cultivado y con buena salud siempre se sabrá defender mejor de sus enemigos.

El IRTA ha desarrollado el clon Arbequina IRTA-i·18® que es el primer clon comercial con certificado de garantía sanitaria. Todas las plantas suministradas han estado testadas y están libres de los principales virus del olivo.

1 EL BARRENILLO

Es un pequeño coleóptero castaño con unas antenas muy separadas y en abanico. Ataca la madera cavando galerías en las ramas de más de 5 cm de diámetro. Los agujeros que perfora miden unos 150 cm de diámetro y están coronados por un pequeño montón de serrín. Pone los huevos dentro de galerías especiales y las larvas se alimentan también de la madera. Este pequeño insecto se instala en árboles con mala salud, debilitados por el hielo o por la sequía.

La lucha contra el insecto es sencilla: consiste en vigilar los árboles, cortar las ramas muertas o que presenten signos de debilitamiento y quemar los residuos de la poda (o triturarlos si la madera está sana).

2 LA POLILLA DEL OLIVO

Es una pequeña mariposa de 1 cm, gris manchada de negro. La polilla puede convertirse en un parásito muy peligroso en los olivos, donde vive a lo largo de todo el año. Tiene un ciclo de tres generaciones, cada una de las cuales se alimenta de una parte del vegetal. La primera (fase filófaga) consume las hojas en invierno, la segunda se alimenta de los capullos y de las flores en primavera (fase antófaga), y la tercera se come los frutos en otoño (fase carpófaga). Los daños ocasionados repercuten directamente en el rendimiento.

Sólo se deberá aplicar un tratamiento si el índice de hojas minadas supera el 10 % a principios de invierno. Se debe luchar contra las larvas de la primera y la segunda generación. Se aplica un tratamiento al principio de la floración, que consiste en esparcir sobre las flores una bacteria *(Bacillus thuringiensis)* que matará la polilla.

3 LA MOSCA DEL OLIVO

Es el enemigo más temido en los olivos, ya que esta mosca vive única y exclusivamente a costa del olivo.

La mosca del olivo se parece a la mosca doméstica, pero sólo mide 5 mm de largo y tiene unos colores más vivos. Se reconoce por la minúscula mancha negra que adorna la punta de las alas.

Se desarrolla en la época en que la temperatura se hace más cálida, generalmente en el mes de junio. La hembra pone de 200 a 300 huevos en el interior de las aceitunas. Las larvas que nacen de ellas cavan galerías y salen del fruto por un agujero hecho en el centro. Así pues, entre finales de junio y principios de octubre, pueden sucederse tres o cuatro generaciones, que viven entre 25 y 30 días cada una. La producción de frutos baja y el aceite de oliva resultante no es apto para el consumo.

Es necesario vigilar el olivo. Para respetar al máximo el medio ambiente, se recomienda seguir un tratamiento preventivo que consta de un atrayente alimenticio mezclado con un insecticida. Los productores utilizan trampas: un recipiente con una solución al 3 % de fosfato amónico, que colocan a partir del mes de junio. El producto se repone cada 10 días, en función de la evaporación y la abundancia de las capturas. En cuanto empiecen a aparecer moscas (una mosca por trampa al día) se deberá efectuar un tratamiento con un producto a base de dimetoato. Este producto no se debe utilizar en época de floración.

4 LA COCHINILLA NEGRA DEL OLIVO

Son cochinillas de caparazón. La hembra se reconoce porque tienen un caparazón crispado con una H dibujada en relieve. Se aglutinan sobre las hojas y las ramas y les succionan la savia. No se deben temer daños a menos que se trate de una infestación importante.

De un modo indirecto, las cochinillas son igual de peligrosas. En efecto, producen una especie de mielato, que se esparce por sus ramas y permite que algunos hongos se puedan desarrollar y puedan recubrir a veces todo el follaje, como la fumagina, que ralentiza la fotosíntesis y, con ello, la producción.

Se puede llevar a cabo una lucha biológica o química. En la biológica, se aportan mariquitas, que se comen las cochinillas. También hay un insecto *(Metaphycus barletti)*, que se vende en tubos en algunos laboratorios, que pone sus huevos en el interior de la cochinilla adulta. Estos depredadores se sueltan en marzo o en abril. En lucha química, se puede tratar en verano con fenoxicarb.

5 LA ARAÑUELA

De la familia de los ácaros, provoca la deformación de las hojas y de las extremidades de ramitas. Es difícil deshacerse de ella; se desarrolla sobre todo por el fuerte calor.

6 EL OTIORRINCO

Este pequeño coleóptero, que se esconde bajo tierra, hace unas escotaduras semicirculares en las hojas más jóvenes de los árboles. Una cinta de liga en la base del tronco impedirá que los insectos invadan el árbol.

El otiorrinco es un pequeño coleóptero que se alimenta de las hojas jóvenes del olivo.

A PROPÓSITO DE LOS PRODUCTOS FITOSANITARIOS

Infórmese bien antes de utilizar un producto fitosanitario, ya sea en un cultivo o en vegetales aislados, sobre todo si se trata de un producto que ha tenido almacenado durante varios años. En efecto, puede ocurrir que ya no esté homologado para la planta que quiere tratar. Estos últimos años han sido retirados de la venta muchos productos para olivos. Además, tenga en cuenta que la mezcla de productos en un mismo pulverizador está prohibida.

7 TRAMILLA O ALGODÓN

También llamado algodón, *Euphyllura olivina* ataca la flor y la punta de los brotes jóvenes. Este insecto, de la familia del pulgón, tiene unas larvas verdes claras que viven en colonias y que se alimentan de la savia y segregan una materia blanca en copos espectacular, aunque no peligrosa para el olivo. En cambio, pueden favorecer la aparición de fumagina, que se tiene que tratar con cobre, siempre fuera del periodo de floración.

8 EL BARRENILLO NEGRO DEL OLIVO

El *Hylesinus oleiperda* es un coleóptero que ataca las ramas de 1 a 3 cm de diámetro, cuya corteza coge un color rojizo, y acaban secándose. Hay que cortar y quemar las ramas secas.

9 LA FUMAGINA O NEGRILLA DEL OLIVO

Es un hongo difundido por las cochinillas o la tramilla. Las hojas se recubren de un polvo negro que le impide respirar al árbol. Antes era una enfermedad muy temida, ya que se sancionaba con multas a los productores que no quemaran los árboles afectados de esta plaga.

Se lleva a cabo un tratamiento a modo preventivo en marzo, con productos a base de cobre o de sulfatos, como el caldo bordelés.

La fumagina, o negrilla del olivo, puede hacer estragos en las plantaciones.

10 El repilo del olivo o roña

El *Cycloconium* es la enfermedad que puede causar más estragos en el olivo, ya que no sólo ataca las hojas, sino también los frutos. El origen de esta enfermedad son varios hongos y se manifiesta en las hojas por unas manchas redondas de varios colores (amarillo, verde, marrón). Estas manchas se ennegrecen y acaban provocando la caída de las hojas. A veces, las aceitunas caen cuando la enfermedad se extiende al pedúnculo de los frutos. Las esporas del hongo transportadas por el viento pueden transmitirlo de un árbol a otro.

Este hongo se desarrolla en condiciones húmedas y en temperaturas suaves, sobre todo en primavera y en otoño, así como durante los meses suaves de invierno.

La lucha es básicamente preventiva. Se pulverizan productos a base de cobre o un tratamiento idéntico al utilizado contra la fumagina en primavera o en otoño. Renueve el tratamiento cada tres semanas o en caso de lluvia. No se debe hacer el tratamiento en periodo de floración. En caso de ataque, elimine las hojas que hayan caído al suelo así como los residuos de la poda. Se recomienda realizar el tratamiento de cobre después de la poda para prevenir la fumagina y el repilo.

11 La verticilosis

Se trata de una enfermedad causada por hongos microscópicos que penetran dentro de las plantas por las raíces. Se puede transmitir por las herramientas de poda. Las hojas y las ramas se secan.

No hay una lucha específica: hay que cortar las partes afectadas y quemarlas, desinfectar las herramientas de cortar y limitar el aporte de nitrógeno.

Hay que vigilar regularmente los frutos y las hojas del olivo en busca de manchas y síntomas de la roña o de la alternariosis.

12 La alternariosis

Esta enfermedad criptogámica se manifiesta por unas manchas negras que invaden progresivamente todo el fruto. Las aceitunas terminan cayendo. A partir de los primeros síntomas, hay que destruir toda la cosecha.

Saber informarse

Si vive en la zona de cultivo del olivo, pase de vez en cuando por la cooperativa oleícola: en caso de amenaza de insectos o de enfermedades, se difunden o se cuelgan boletines de alerta y así podrá tomar precauciones.

En verano o en otoño, los olivares se engalanan con enormes redes que tienen la función de recoger las aceitunas caídas de los árboles.

La recolección

El cuajado corresponde al periodo durante el cual los ovarios se transforman en frutos. Puede estar condicionado por varios factores climáticos, como por ejemplo una sequía. Empieza en junio y las aceitunas se formarán y crecerán durante el verano. Durante la maduración, los frutos enriquecen en aceite.

Pasarán de un color verde claro a un verde más oscuro y luego a color violeta; la piel se arrugará un poco. Es el periodo de las aceitunas de color cambiante. Más tarde se ennegrecerán y se encogerán perdiendo el agua; con este proceso, la concentración de aceite aumenta.

1 El rendimiento

En condiciones de cultivo tradicional, un olivo empieza a producir hacia el duodécimo año. Los olivos plantados hoy en día son objeto de cuidados intensivos; el riego, la fertilización y la poda se realizan en el momento oportuno y los olivos empiezan a producir más temprano, hacia el quinto año. Y la producción va creciendo. Pero no obtendrá una producción constante y regular hasta al cabo de 30 o 40 años. Pasados los 150 años, la producción mengua.

Un árbol, en su mejor estado, produce de 20 a 60 kg de aceitunas. El rendimiento es muy irregular de un año al otro, así como de un árbol a otro.

El rendimiento de aceite varía según las variedades, pero es alrededor de un 20 %: se necesitan de 5 a 6 kg de aceitunas para extraer 1 litro de aceite.

En una jornada de recolección, un buen recolector recogerá de 60 a 80 kg de aceitunas.

2 La recolección

La recolección de los frutos es delicada. Antes se cogían los frutos bien maduros para la fabricación de aceite. Hoy en día ya no se hace así. En general, las aceitunas cogidas temprano dan un aceite menos abundante, pero más afrutado y menos ácido. Así pues, el momento de la recolección es una elección personal, que se toma en función del carácter que se quiera dar al aceite.

La recolección de las aceitunas verdes empieza a finales de septiembre para las variedades precoces y termina en febrero con las variedades tardías de aceite. La recolección de la mayoría de las variedades de aceitunas de aceite es de mediados de noviembre a enero.

El momento de la recolección se debe escoger bien. La recolección precoz da a los frutos una consistencia muy dura y un gusto de madera. Para determinar el periodo ideal, existen varios trucos:

– la aceituna debe tener un color verde-amarillo;

– dentro del fruto, cortado transversalmente, el hueso se debe despegar con facilidad, o, al menos, se debe poder hacer girar;

– si se aprieta entre los dedos, el fruto debe soltar un zumo lechoso; el zumo verde revela que el fruto todavía no está suficientemente maduro.

Se desaconseja recoger las aceitunas con lluvia. Después de la recolección no se deben dejar expuestas a pleno sol ni tampoco bajo la lluvia.

3 Técnicas de recolección

El método más simple consiste, sin duda alguna, en esperar a que las aceitunas caigan por sí solas. Este método sólo lo aplican los productores para sus necesidades personales. El aceite obtenido es, en efecto, de menos calidad, ya que es más ácido, aun en el caso de que las aceitunas se recojan sobre una lona. Además, para conseguir un producto de buena calidad, las aceitunas se deberían coger siempre en el árbol, y no en el suelo.

El vareo

El vareo ya era practicado por los griegos y los romanos. Esta técnica permite llegar a las ramas altas y se practica sobre todo en los olivos grandes. Es el método más extendido por su alta productividad.

La recolección de las aceitunas se parece a la de las nueces. No hay que dar golpes

Recolección mecánica con vibradores de ramas. Fonds Andlauer - Institut du Monde de l'Olivier - AFIDOL.

fuertes con la vara, para no romper las ramas o magullar los frutos, que son frágiles y se deterioran rápidamente después de un golpe. Las aceitunas caen sobre lonas extendidas en el suelo al pie del árbol y a continuación se seleccionan.

El vareo sólo se utiliza para la recolección de aceitunas destinadas a la fabricación de aceite.

La recolección manual

Los productores que se preocupan por la calidad de sus frutos y de su aceite prefieren recolectar las aceitunas a mano. De esta forma, se pueden seleccionar los frutos en el árbol, uno por uno, ya que no todas las aceitunas presentan el mismo grado de maduración. Las aceitunas de más arriba se recogen con la ayuda de una escalera o bien de un caballete.

Este método se adapta para la recolección de aceitunas verdes de mesa, ya que permite recolectar los frutos sin magullarlos, lo cual dejaría marcas desagradables a la vista.

El precio de la mano de obra para la recolección manual es el elemento más costoso en una explotación.

Página anterior: *Los olivos muy viejos todavía pueden producir frutos, pero a menudo en menos cantidad que los más jóvenes.*

Arriba y abajo: *La recolección manual de las aceitunas permite seleccionar los frutos uno a uno, pero es el método más costoso.*
Fonds Andlauer - Institut du Monde de l'Olivier - AFIDOL.

El peinado

En este caso, se peinan las ramas a mano para que se suelten las aceitunas, que caen sobre grandes telas extendidas en el suelo. Se utiliza un pequeño rastrillo flexible con el fin de estropear lo menos posible los frutos y las ramas; no obstante, los daños siempre suelen resultar importantes. También hay unas varas especiales adaptadas para agitar las ramas sin magullarlas. En cuanto al peine vibrante, permite la recolección de 500 kg de aceitunas al día.

Queremos citar, a título recordatorio, las máquinas vibrantes que sacuden los árboles para hacer caer los frutos, utilizadas en los grandes olivos; algunas han sido concebidas para recolectar y seleccionar las aceitunas, otras sacuden y recolectan al mismo tiempo.

Después de la recolección

Las aceitunas para confitar se deben examinar bien, para eliminar los residuos y conservar sólo las aceitunas intactas. A continuación, se deben seleccionar según su aspecto y su tamaño. Las aceitunas verdes grandes se reservan para salarlas o para meterlas en tarros. Las aceitunas verdes pequeñas, aunque contengan poco aceite, se molerán, ya que el aceite obtenido es particularmente afrutado.

Después de la recolección, conserve las aceitunas en un lugar exento de todo olor ajeno. Almacénelas en un lugar fresco, aireado; en caso contrario, empezarán a fermentar. Por la misma razón no se deben conservar dentro de un saco, en un recipiente cerrado ni amontonadas. Extiéndalas formando una capa de poco grosor, por ejemplo en cajas caladas de plástico.

En cualquier caso, las aceitunas deben ser tratadas o transformadas lo antes posible después de la recolección. Tres días parece ser el tiempo máximo.

Abajo: *Una magnífica cesta de aceitunas maduras.*

Página siguiente: *La recolección de las aceitunas verdes empieza a finales de septiembre para las variedades precoces y termina en febrero con las variedades tardías de aceite.*

Los productos del olivo

Los productos del olivo

Las aceitunas de mesa

Los griegos y los romanos ya consumían las aceitunas como condimento. Las conservaban en distintos tipos de salmuera aromatizada, y algunas de estas recetas han llegado a nuestros días.

Entre las aceitunas de mesa confitadas se encuentran tanto las aceitunas negras como las verdes. Las nociones de aceituna verde y aceituna negra no hacen referencia a variedades distintas, sino a distintos grados de maduración. La aceituna verde se coge antes de la plena maduración y la negra (que puede ser de la misma variedad) se coge en plena maduración. También se pueden encontrar aceitunas en todos los estados intermedios: amarillas, violetas, negras tirando a violetas.

1 Las aceitunas verdes

Endulzado y enjuagado

Las aceitunas verdes no se pueden comer tal cual. Se les debe quitar el amargor con un baño de sosa, el endulzado, que se debe realizar lo más rápido posible después de la recolección. Se debe hacer a temperatura ambiente y el tiempo de latencia no deber superar las 24 horas, pero se puede aumentar a unos días si se conservan en frío.

Se sumergen las aceitunas en una solución de sosa de una concentración del 1,5 al

La tapenade es un producto puro de la aceituna: aceitunas verdes o negras y aceite de oliva.

Aceitunas de mesa, aceite de oliva, tapenade, *jabón de aceite... los derivados son numerosos.*

2 %, según la variedad. Después de varias horas de maceración, cuando se considere que la sosa ha penetrado suficientemente dentro del fruto, se procede al enjuagado de los frutos, que se hace en baños sucesivos de una duración cada uno de 4 a 12 horas.

Puesta en salmuera

Las aceitunas se sumergen en una salmuera del 7 % (700 g de sal de mar por 10 litros de agua). Se producirá una fermentación láctica y el líquido se acidificará. Una semana después, las aceitunas ya se pueden comer.

2 LAS ACEITUNAS NEGRAS

Cuando las aceitunas se recogen bien negras, se examinan para separarlas de los frutos dañados o podridos. A continuación se procede a lavarlas con agua fría y luego se eliminan las hojas y demás restos.

A las aceitunas negras no hace falta someterlas a un tratamiento de sosa. Se meten directamente en salmuera. Se sumergen en una salmuera de 10 a 12 % (de 1 kg a 1,2 kg de sal por 10 litros de agua), poniéndola siempre en un lugar fresco. Luego, cuando la con-

ALGUNAS NORMAS

La aceituna de mesa, según normas internacionales, debe pesar más de 5 g (el peso de una aceituna varía de 1 a 15 g, según las variedades). La pulpa debe pesar al menos 5 veces más que el hueso. La proporción de azúcar debe sobrepasar un 4 % el peso en fresco y en el aceite no debe sobrepasar el 20 % del peso de la pulpa.

centración en sal haya disminuido (una parte de la sal pasa a las aceitunas), se tendrá que vigilar y conseguir que llegue al índice óptimo (relleno); no debe ser inferior al 8 %.

Las aceitunas se podrán consumir al cabo de seis u ocho meses del tratamiento, según las variedades.

3 LA CONSERVACIÓN DE LAS ACEITUNAS

Hay tres modos de conservar las aceitunas:

El frío: si se dejan las aceitunas en la salmuera, a una temperatura de entre 3 y 6 °C, se pueden conservar durante diez meses.

La sal: en este caso se vuelve a añadir 30 g de sal por cada litro de agua y se almacena en un lugar fresco. De este modo las aceitunas se podrán guardar hasta el verano.

Las aceitunas negras se recogen de noviembre a febrero.

HAGA SUS PROPIAS ACEITUNAS

Antes de tratar las aceitunas, se les debe quitar el amargor. Para ello, póngalas en remojo durante quince días y cambie el agua cada dos o tres días. Para que el agua penetre mejor dentro de los frutos, las puede machacar con la ayuda de un mazo, o bien hacerles un corte. Métalas en salmuera del 7 % (700 g de sal por 10 litros de agua), aromatizada o no.
Si no dispone de tiempo, póngalas en remojo durante 4 horas en lodo de ceniza de madera, aclárelas varias veces y métalas en salmuera del 7 %.

La pasteurización: se sacan las aceitunas de la salmuera y se aclaran rápidamente con agua clara. Se meten en tarros y se cubren con otra salmuera del 4 % (40 g de sal por 1 litro de agua) y con un pH del 4, que se conseguirá añadiendo unas gotas de zumo de limón. A continuación se pasteurizan las aceitunas a 70 °C. Las aceitunas se envasarán en tarros y se podrán conservar durante un año a temperatura ambiente.

LA AROMATIZACIÓN

Las aceitunas se pueden aromatizar con tomillo, laurel, pimiento, albahaca, etc. Puesto que los aromas pueden deteriorarse en la salmuera, a menudo se opta por hacer una decocción de las plantas, dejándola enfriar antes de añadirla a la salmuera. Al cabo de unos meses, las aceitunas ya se pueden preparar confitadas en aceite, rellenas o en *tapenade*.

Según las zonas de producción, existen varios procedimientos para que la pulpa de las aceitunas se impregne de las distintas hierbas o especias utilizadas en la salmuera o la maceración del aceite. Se pueden machacar a golpes de mazo o bien pincharlas con agujas. Así es como se obtienen, por ejemplo, las famosas aceitunas machacadas de Huelva.

Los aceites de oliva

El aceite de oliva es el único aceite vegetal que se extrae de un fruto. Todos los demás provienen de semillas. Globalmente, en todo el mundo no se consume mucho (octava posición en los aceites vegetales).

El aceite de oliva virgen se obtiene mediante métodos mecánicos. En su elaboración, no entra en juego ningún producto

Arbequina verde.

químico o natural, ninguna mezcla con otros aceites ni ningún proceso para el calor. Este aceite, puro jugo de frutos, es estrictamente natural. La fórmula «primera prensada en frío» data de una época en que las almazaras eran poco productivas y se hacía una segunda prensada, añadiendo agua caliente. Esta denominación ya no tiene razón de ser desde hace unas décadas, si tenemos en cuenta la evolución de la tecnología, ya que actualmente el aceite de oliva virgen se extrae siempre en frío. Sin embargo, la denominación, fuertemente inculcada en el espíritu público, ha quedado en el nombre comercial.

Denominaciones y definiciones de los aceites de oliva de comercio al por menor

Las denominaciones de las distintas categorías de aceite de oliva fueron objeto de una pequeña modificación en 2003: conviene adoptar las siguientes denominaciones para todo el conjunto de la Unión Europea:

– Aceite de oliva virgen extra: el índice de acidez máximo es de 1 g por 100 g (1 %) y la nota de cata no puede bajar de 6,5/9.

– Aceite de oliva virgen (llamado también aceite de oliva virgen fino): índice de acidez de 2 % como máximo y nota de cata como mínimo de 5,5/9.

– Aceite de oliva virgen corriente: índice de acidez oleica de 3,3 % como máximo y nota de cata como mínimo de 3,5/9.

– Aceite de oliva virgen lampante: índice de acidez oleica superior al 3,3 %. Aceite virgen pobre en gusto y en sabor. No es apto para el consumo. Deberá refinarse para poder ser comestible. Es indicado para usos técnicos, en la industria textil o en cosméticos, por ejemplo.

– Aceite de oliva: aceite constituido por una mezcla de aceite de oliva refinado y de aceites vírgenes distintos del lampante, cuyo índice de acidez oleica es inferior al 3,3 %.

– Aceite de orujo de oliva: aceite producido por refinación a partir de residuos (orujo) una vez extraído el aceite virgen.

La cata del aceite de oliva

El lenguaje utilizado para describir un aceite se parece al utilizado por los enólogos para calificar la cosecha. Se habla del aroma, la textura, la persistencia en boca, el afrutado, el picante, el amargor. La manera de degustar un aceite se parece también a la de los vinos. Se hace en un vaso, con reglas estrictas en cuanto a la temperatura y el color del vaso.

Los aromas que se distinguen hacen referencia a nociones muy eclécticas: frutas (manzana verde, cítricos...), flores (tilo, acacia...), especias, verduras, frutos secos (almendras, avellanas...). Un buen aceite debe ser equilibrado, afrutado, dulce y sin amargor.

El calibre de los frutos

Generalmente, las aceitunas se clasifican en cuatro calibres, que expresan el número de frutos por 100 g. Un calibre 19/21 significa que se necesitan entre 19 y 21 aceitunas de un cierto tamaño para alcanzar los 100 g.

Un molino de muelas, en el molino cooperativo de Mouriès (Francia).

La fabricación del aceite

El aceite de oliva se encuentra dentro de las células del fruto. Para recuperar el aceite, hay que romper las células que lo encierran, lo cual se realiza mediante dos operaciones, el molido y el amasado. A continuación sólo faltará aplicar diversas técnicas para separar el aceite de los demás elementos.

La selección

Inmediatamente después de la recolección se procede a la selección, para eliminar pequeñas piedras, ramitas, tierra, hojas, hierbas..., todas ellas impurezas que dan un gusto amargo al aceite. Según los productores, esta selección se puede hacer a mano, con cribas o con máquinas. Las aceitunas se deben moler lo antes posible una vez cogidas. Lo ideal es que se muelan el mismo día, pero, por varias razones, este no es siempre el caso, y a veces pasa un tiempo entre la llegada a la almazara y el molido de los frutos. Así pues, las aceitunas se almacenarán. Este periodo de tiempo es una causa importante de la baja calidad y del rendimiento; si las aceitunas tienen que esperar demasiado tiempo, el aceite obtenido será muy ácido y se volverá rancio más rápido.

El molido

El molido de las aceitunas no deshuesadas (el hueso contiene un antioxidante apropiado para la conservación natural) permite destruir los tejidos vegetales, lo cual libera las gotas de aceite contenidas en las células. Todavía se realiza mediante molinos de muelas (en general de granito), que giran en un depósito, también de piedra. La pulpa y los huesos también se aplastan. Pero este método cada vez es más reemplazado por molinos metálicos de discos o de martillos.

El amasado

El molido por sí solo no es suficiente para liberar la totalidad del aceite que contiene el fruto; es por eso que las aceitunas se deben amasar. A menudo, el molido y el amasado se realizan al mismo tiempo. Los molinos de muelas de piedra tienen un sistema que mantiene las aceitunas molidas o la pasta en el trayecto de las muelas, que entonces ya amasan la pasta. El proceso dura una media hora, al final de la cual se obtiene una pasta más o menos espesa según las variedades y la época de recolección. En los molinos modernos, el amasado se realiza con un tornillo sin fin o con una espiral en un depósito de acero inoxidable.

La separación de las fases

A continuación, la pasta se coloca formando una capa de poco espesor en discos de fibra natural o sintética (los capachos) apilados los unos sobre los otros alrededor de un eje vertical. Se prensa todo y la fase líquida, formada por agua y aceite, se agota. El residuo que queda una vez prensada la pasta se llama orujo. Esta operación dura unos 45 minutos. A continuación se quita el orujo de los capachos y se repite la operación.

La decantación

El líquido obtenido es una mezcla de agua y aceite. Para separarlos, se recurre a la decantación. Este método ya no se utiliza, a causa del tiempo que requiere y de la dificultad para recuperar el aceite en el límite de partición de los dos líquidos. Cada vez más, la separación de las fases y la decantación se hacen en centrifugadoras (centrifugadora horizontal o vertical).

La separación de las fases se realiza con prensas que separan la fase líquida de la pasta. Aquí, en el molino de Dozon. Fonds Andlauer - Institut du Monde de l'Olivier - AFIDOL.

En esta página: *Un decantador de tres fases, que permite separar el aceite de oliva y filtrar las impurezas. Fonds Andlauer - Institut du Monde de l'Olivier - AFIDOL.*

Página siguiente: *Un olivo milenario en Yugoslavia.*

La utilización de residuos

La filtración del aceite es la fase final antes de embotellarlo. El aceite obtenido se envasa enseguida en recipientes y se almacena a resguardo del aire y la luz.

Los residuos de la almazara (alpechín, orujo y huesos) se utilizan para la fabricación de fertilizantes, mantillo o polvos abrasivos. Por ejemplo, el aceite de orujo se obtiene del molido de los residuos y se utiliza en la alimentación o en la industria. El orujo entra en la composición de los alimentos para animales.

3 ACEITE DE OLIVA Y DIETÉTICA

El aceite de oliva es el mejor aceite desde el punto de vista dietético. Ha sido objeto de numerosos estudios, y actualmente todo el mundo reconoce su efecto beneficioso para el organismo. Entre sus componentes, los polifenoles tienen una reputación bien establecida.

Los ácidos grasos que contiene favorecen la producción del colesterol bueno, que previene las enfermedades cardiovasculares. Actúa sobre el sistema digestivo, principalmente sobre el hígado y la vesícula biliar. Tiene un alto contenido en calcio, especialmente beneficioso para los niños (para el crecimiento), aunque también para las personas mayores (que tienen tendencia a sufrir deficiencia de calcio).

Se consideraba que las hojas eran depurativas y astringentes. No obstante, recientemente se han descubierto otras cualidades más interesantes: por ser hipotensas, las hojas del olivo dilatan las arterias. Así pues, favorecen la diuresis y disminuyen el nivel de urea en sangre.

COMPOSICIÓN DEL ACEITE DE OLIVA

Lípidos: 99 %.

Ácidos grasos saturados: de 8 a 24 %.

Ácidos grasos insaturados: de 75,5 a 90,5 %.

Ácido oleico: de 56 a 83 %.

Ácido linoleico: de 3,5 a 20 %.

Y también:

Vitamina E: 159 mg/kg.

Provitamina A (caroteno): de 3 a 30 mg.

RECETAS

Alioli con verduras y bacalao

- Preparación: 1 hora 30 minutos
- Cocción: 30 minutos

Ingredientes para 4 personas

- 5 dientes de ajo
- 5 huevos
- 1 cucharada de café de mostaza
- 25 cl de aceite de oliva
- 600 g de bacalao desalado
- 4 zanahorias
- 2 bulbos de hinojo
- 4 patatas
- 1 brécol pequeño
- 4 nabos
- Sal, pimienta molida

1. Limpie, lave y pele todas las verduras y colóquelas en la cesta de la olla de vapor. Déjelas cocer durante 20 minutos, luego añada 4 huevos y el bacalao desalado y déjelo cocer 10 minutos más.
2. Pele los dientes de ajo, luego macháquelos y separe la yema del huevo restante.
3. En un cuenco, mezcle la mostaza con la yema del huevo y el ajo, luego añada poco a poco el aceite de oliva sin dejar de batir, como si hiciera una mayonesa.
4. Sirva las verduras y el bacalao bien calientes, acompañados de la salsa alioli.

Caviar de berenjenas

- Preparación: 15 minutos
- Cocción: 45 minutos

Ingredientes para 4 personas

- 4 berenjenas
- 4 dientes de ajo
- 5 cucharadas soperas de aceite de oliva
- Sal, pimienta molida

1. Lave las berenjenas, luego colóquelas en una fuente y cuézalas enteras en el horno durante 45 minutos a 180°.
2. Pele y pique los dientes de ajo.
3. Saque las berenjenas, córtelas en dos, saque la pulpa, mézclela con el ajo y el aceite de oliva y luego condimente el puré.
4. Sirva el puré de berenjenas sobre rebanadas de pan tostado.

Alioli. ▶

Tapenade

- Preparación: 5 minutos

Ingredientes para 4 personas

- 250 g de aceitunas deshuesadas (verdes o negras)
- 4 filetes de anchoas
- 2 cucharadas soperas de alcaparras
- 4 cucharadas soperas de aceite de oliva
- Sal, pimienta molida

1. Bata todos los ingredientes.
2. Sirva la *tapenade* sobre rebanadas de pan tostado con mantequilla.

Observación

La *tapenade* verde o negra se puede utilizar como acompañamiento para pescados o verduras asadas.

Ensalada de pasta a la siciliana

- Preparación: 15 minutos
- Cocción: 10 minutos

Ingredientes para 4 personas

- 400 g de macarrones
- 4 tomates
- 3 filetes de anchoa
- 200 g de aceitunas verdes y negras deshuesadas
- 100 g de queso de cabra fresco
- 10 cl de aceite de oliva
- Orégano
- Sal, pimienta molida

1. Con un cuchillo puntiagudo, haga una cruz sobre los tomates, luego sumérjalos en una cacerola con agua hirviendo durante 2 minutos. Páselos por agua fría y pélelos. Corte los tomates en dos, quite las pepitas y corte la pulpa en juliana.
2. Corte las aceitunas y el queso en daditos y las anchoas en trozos pequeños.
3. En una ensaladera, mezcle todos los ingredientes con aceite de oliva y aliñe la ensalada.
4. Cueza la pasta en agua abundante hirviendo y con sal. Cuando esté al punto escúrrala y pásela por agua fría.
5. Mezcle la pasta fría con la preparación en la ensaladera.

Ensalada de pasta a la siciliana. ▶

Bizcocho de aceitunas

- Preparación: 40 minutos
- Cocción: 45-50 minutos

Ingredientes para 1 bizcocho

- 3 huevos
- 180 g de harina
- 1 bolsita de levadura
- 120 g de gruyère rallado
- 100 g de aceitunas verdes
- 50 g de aceitunas negras
- 10 cl de aceite de oliva
- 10 cl de leche
- 1 cucharada de café de hojas de tomillo
- Mantequilla para el molde
- Sal, pimienta molida

1. Precaliente el horno a 180º.

2. En una ensaladera (o un robot de cocina) bata los huevos enteros con la sal, la pimienta y el tomillo. Añada la harina y la levadura, luego incorpore poco a poco el aceite y la leche.

3. Mezcle las aceitunas deshuesadas y el gruyère rallado con la pasta.

4. Unte con mantequilla y enharine el molde para el bizcocho y vierta la pasta.

5. Déjelo cocer al horno durante 45-50 minutos (al pinchar con la hoja del cuchillo esta debe salir limpia).

6. Sírvase el bizcocho como aperitivo.

Ensalada niçoise

- Preparación: 40 minutos
- Cocción: 30 minutos

Ingredientes para 4 personas

- 4 patatas
- 400 g de judías verdes
- 4 huevos
- 1 manojo de rábanos
- 1 rama de apio
- 50 g de aceitunas negras
- 4 tomates
- 4 filetes de anchoas
- 1 cucharada sopera de alcaparras
- 2 cucharadas soperas de vinagre
- 5 cucharadas soperas de aceite de oliva
- Sal, pimienta molida

1. Pele y lave las patatas. Póngalas en agua hirviendo y déjelas cocer durante 20 minutos, luego córtelas en dados.

2. Pele y lave las judías verdes. Póngalas en agua hirviendo y déjelas cocer durante 10 minutos y córtelas en trozos de 1 cm.

3. Sumerja los huevos en agua hirviendo con sal durante 8 minutos para que se pongan duros, páselos por agua fría, pélelos y córtelos en cuartos.

4. Quite los extremos de los rábanos, lávelos y córtelos en rodajas.

5. Lave los tomates y córtelos en cuartos. A continuación, lave el apio y córtelo en juliana fina.

6. Ponga todos los ingredientes en una ensaladera, aliñe con el vinagre, el aceite de oliva, la sal y la pimienta y decore la ensalada con filetes de anchoa y alcaparras.

Bizcocho de aceitunas. ▶

Empanada

- Preparación: 45 minutos
- Cocción: 50 minutos

Ingredientes para 4 personas
- 250 g de harina
- 8 cl de aceite de oliva
- 2 tomates
- 1 cebolla
- 50 g de aceitunas verdes deshuesadas
- 50 g de guisantes
- 2 huevos
- 50 g de atún en aceite
- Sal, pimienta molida

1. Prepare la pasta: en una ensaladera, eche la harina mezclada con la sal en forma de volcán, vierta el aceite y 8 cl de agua en el centro y luego trabaje la pasta enérgicamente.
2. Cueza un huevo con cáscara durante 8 minutos para que se ponga duro. Pélelo y córtelo en trozos pequeños.
3. Hierva los guisantes en agua durante 5 minutos. Pele y pique la cebolla.
4. Con un cuchillo, haga una cruz en los tomates, sumérjalos en agua hirviendo durante 2 minutos, páselos por agua fría y pélelos. Córtelos en dos y quíteles las pepitas. Luego corte la pulpa en dados pequeños.
5. Rehogue la cebolla en una cacerola durante unos minutos, añada los tomates, el huevo duro, las aceitunas y el tomillo desmenuzado, déjelo cocer todo 5 minutos y condimente.
6. Divida la pasta en dos partes; ponga el relleno y tape con la otra mitad. Métala en el horno precalentado a 180 °C durante 40 o 45 minutos.

Tartaletas de aceitunas

- Preparación: 30 minutos
- Cocción: 20 minutos

Ingredientes para 8 tartaletas
- 1 pimiento
- 100 g de aceitunas verdes deshuesadas
- 100 g de aceitunas negras deshuesadas
- 100 g de mozzarella
- 2 cucharadas de café de hierbas provenzales
- 1 diente de ajo
- 1 rollo de pasta quebrada

1. Lave el pimiento, póngalo en una fuente y póngalo a gratinar en el horno. Dele la vuelta de vez en cuando hasta que la piel quede negra. Envuélvalo y déjelo unos minutos dentro de una bolsa de plástico, luego pélelo, quite todas las semillas y córtelo en juliana.
2. Pele y pique el ajo, pique las aceitunas y mezcle el ajo, las aceitunas y las hierbas provenzales.
3. Corte la pasta en 8 círculos y extiéndala dentro de los moldes para las tartaletas.
4. Corte la mozzarella en tiras finas y póngalas en el fondo de las tartaletas. A continuación adórnelas con el picadillo de aceitunas y unas tiras de pimiento.
5. Cueza en el horno caliente, a 180°, durante 20 minutos.
6. Sirva las tartaletas calientes o frías.

Empanada. ▶

Direcciones y celebraciones

PARA SABERLO TODO ACERCA DE LOS OLIVOS Y LAS OLIVAS:

www.ujaen.es/huesped/aceite/indice.htm
Sitio de la Universidad de Jaén con información y recopilación de enlaces en internet sobre todo lo referente al aceite de oliva.

www.revistaalcuza.com
Revista digital con amplia información, sobre todo lo relacionado con el olivo. Informaciones técnicas así como diversas secciones para el lector aficionado.

Museo de la Cultura del Olivo
Puente del Arzobispo, Baeza (Jaén)
Tel: 953 765 142
Fax: 953 744 370
http://www.museodelaculturadelolivo.com
Se muestran los sistemas antiguos de elaboración de aceite. Cuenta con un jardín de olivos con diversas variedades.

Museo El molino viejo
Vado del Moro, 4
14940 Cabra (Córdoba)
Tel.: 957 521 771
www.hecoliva.com
Se puede hacer un viaje en el tiempo admirando los diferentes métodos y artilugios inventados por el hombre para extraer de la aceituna el preciado oro líquido que es el aceite de oliva.

Museo del Aceite de Segorbe
Plaza Belluga, 1
12400 Segorbe (Castelló)
Tel: 964 712 045
Antigua almazara rehabilitada donde se puede ver la evolución del cultivo del olivo y producción de aceite.

Parc temàtic de l'oli
Carretera de Tarragona km 71
25400 Les Borges Blanques (Lleida)
Tel.: 973 140 018
www.lleidatour.com
Se explica al visitante la recogida de la aceituna, los utensilios que se usan, las variedades de aceitunas existentes y toda una serie de informaciones referentes al mundo oleícola.

ENCUENTROS

Festa de l'oli nou
Reus (Tarragona)
Tercer fin de semana de noviembre.
Presentación del aceite nuevo de la temporada de la DOP Siurana.

Feria del Aceite de Oliva Extra Virgen
Les Borges Blanques (Lleida)
Se celebra en el mes de enero y en ella se organizan degustaciones de aceite.

Índice alfabético

Plantación de alta densidad de Arbequina, clon IRTA-i·18, de 6 años de edad.

Recetas

Procedencia de las fotografías

Antonio Zafra Romero: 12 ab, 13 ar, 25 ab, 25 ar, 26-27, 28; **Berthon/NATURE:** 44; **Berthoule/NATURE:** 5 c ab, 8-9 ar, 34-35 ar, 56-57, 82-83 ar; **Chaumeton/NATURE:** 5 c ar, 10-11, 42; **Chaumeton-Lanceau/NATURE:** 36-37, 64, 81; **Corel Corporation:** 12, 38; **Durantel/NATURE:** 6, 8-9 ab, 66, 71; **Fonds Andlauer - Institut du Monde de l'Olivier – AFIDOL:** 13, 67, 69 ab, 70, 79, 80; **IFAPA:** 76; **IRTA. Mas de Bover. Subgrup d'Olivicultura, Elaiotècnia i Fruits Secs. Constantí (Tarragona):** 29, 32, 33, 95; **Lamaison/NATURE:** 58-59; **Lanceau/NATURE:** 5 ar, 17; **P-Andlauer/Fonds Andlauer - Institut du Monde de l'Olivier – AFIDOL:** 72; **Pedone/NATURE:** 5 ab, 16, 20, 23, 43, 46-47, 65, 68, 93; **Polese/NATURE:** 18-19, 22, 73, 78; **R-Rouit/Fonds Andlauer - Institut du Monde de l'Olivier – AFIDOL:** 69 ar; **Sauer/NATURE:** 4, 14-15, 34-35 ab, 63, 74-75; **André Patrick:** 82-83 ab, 85, 87, 89, 91.

Dibujos: **Nathalie Dupuy.**